A poesia
**(r)*existe*

Copyright do texto © 2012 Alysson Ramos Artuso
Copyright da edição © 2012 Escrituras Editora

Todos os direitos desta edição cedidos à
Escrituras Editora e Distribuidora de Livros Ltda.
Rua Maestro Callia, 123 – Vila Mariana – São Paulo, SP – 04012-100
Tel.: (11) 5904-4499 – Fax: (11) 5904-4495
www.escrituras.com.br
escrituras@escrituras.com.br

Diretor editorial	Raimundo Gadelha
Coordenação editorial	Mariana Cardoso
Assistente editorial	Ravi Macario
Capa, projeto gráfico e diagramação	Schäffer Editorial
Revisão	Jonas Pinheiro e Paulo Teixeira
Impressão	Corprint

Dados Internacionais de Catalogação na Publicação (CIP)
(Câmara Brasileira do Livro, SP, Brasil)

Artuso, Alysson Ramos
 A poesia (r)existe / Alysson Ramos Artuso. –
São Paulo: Escrituras Editora, 2012.

ISBN 978-85-7531-437-1

1. Poesia brasileira I. Título.

12-12691   CDD-869.91

Índices para catálogo sistemático:
1. Poesia: Literatura brasileira   869.91

Incentivo:

Impresso no Brasil
Printed in Brazil

Por solicitação expressa do autor, o
livro mantém a ortografia pré-Acordo.

Alysson Ramos Artuso

A poesia (r)existe

escrituras
São Paulo, 2012

Cabe a todos os poetas desse país, especialmente àqueles esquecidos fora das metrópoles, mas, sobretudo, àqueles que têm algo a dizer, àqueles que sentem a imperiosa necessidade de dizer algo, pois daí nasceu sempre toda a literatura, e não de ludismos formais, [...] iniciar com o novo milênio uma nova poesia, que não será nem "moderna", nem "verdadeira", nem "legítima", nem coisa nenhuma, será grande quando o for, e moderna e verdadeira e legítima porque o foi. O espírito sopra quando e onde quer, e, para nós, há três milênios de riqueza poética às nossas costas, um fabuloso desprezo ao nosso lado e o ilimitado da História à nossa frente!

Alexei Bueno

Sumário

Meus outros versos 9
Traduzir-se 37
Sobre isto 69
Dinversão 117
Sobre o autor 165

Meus outros versos

No outro	Do retrato	Reflexo
não há nada	deturpado	do espelho
além	que convém	que se tem

Ao invés de refinar o que faço
Viro do avesso o meu traço
    desfaço o que quis

I.
passeio o pastiche
plagio a paródia
me cumpro em custódia
contesto quebrado
o futuro (fetiche)
de pé
        maculado

II.
do verbo tremendo
sou seta sou alvo
mutável me salvo
da escolha – escolhido
incerto me vendo
vendado
        e vendido

III.
arfeio na arte
roçando o recinto
labial labirinto
conjugo eu mesmo
em parte estandarte
meu sonho
        é tenesmo

Poeta
        digladia com a palavra
Por horas
        a estica   aperta   encaixa
Por vezes
        tanta força faz que escapa
Por frestas
        numa estrofe inacabada

Acerta
        seu passado com feridas
Conserta
        as ranhuras aduzidas
Desperta
        de seus moldes suicidas

Pois poesia
        é antes
palavras
        com farpas
                cortantes

Aqui encontrarás outros
Que sou e me fazem
      Sem jogos de conquista
            ou palavras

Aqui verás você
      E um preço baixo
            se olhar de cima
Às vezes me vendo
     por uma noite
           ou rima

E o seu preço
      qual é?

Não crio canários
                        ou cenários
Sem peixes
          ou peças
   Dogs
            ou discos
Sem os gatos (preguiçosos)
      Nem os gestos (grandiosos)
Nada de hamster
               ou hamlet
Vivo só   e só me basta
Meu quarto
                meu circo
Vivo o mundo
           no meu palco
                     pelado
                            favorito

Poeta eu sou
Poeta eu crio
   Deus:
        meu arqui-inimigo.

Sou aquele que se esconde
por detrás de autores grandes
    de vidros escurecidos
    em lugares esquecidos
Vazio   Sou visto de longe
        random walk no horizonte

Mas tal qual a estrela
    despercebida do céu
Qualquer dia explodo
    brilho eterno e novo
Que embrutecextingue
  E com força e fúria
    invado tua vida
        teu verso   teu ventre

Então darás conta
    com certo ódio e nojo
        que sou sempre eu
  nas palavras que declama
    nos teus sonhos que reprime
      nas pessoas a quem ama
E que só quando teu corpo
    febril e despido
        de gozo se inflama
  é o meu próprio nome
que o grito contido
    no teu urro chama.

Quer uma regra
              de rima   perfeita?
  Peça a uma máquina!
                      e a terá feita

Aqui não se faz
       coreus e iambos
          sonetos
          shakespearianos

Só há o eco
       do beco
             daqui de perto
Só versos
                      avessos
      incertos
Sons e ritmos
                cuidados
                    e errados
Nunca os ditados
           por críticos
              assépticos
Há os exprimidos
        espontâneos
               porque guardados
   o peito não pulsa
os sonhos não sonham
         e a solidão
        é só sua

O certo
    é que o poeta
não empurra
    porta aberta:
  Põe a baixo
    o portão!
E escava
    nos destroços
 dos seus eus
    recobertos
 toda a dor
    e a invenção

Não como o correto   matemático
  a repetir: dois e dois
    são quatro
Mas como o audaz
    desbravador
 de infinito
    incompletude
    e intuição

Não há poesia
    que (r)exista
    sem paixão

Nada de inspirado
    esperando
     a métrica celestial
Volta à cria
     desesperado
 Mil vezes árduo
    Trabalho diário
De conter
  ou de contar

E – pois – que desagradem!
  Versos não são feitos
    por concessão!

Não são aprovados
    por padrões requentados
 de estrutura e fonética

Poeta é quem cria
  sua própria
  poética!

Confesso que roubei
                Palavras que são suas
   Ditas e não ditas
                Prontas e inacabadas

Confesso que roubei
                Sentimentos que são seus
   Puros e não puros
                Sinceros e inventados

E confesso   roubei
                Pessoas tão mais suas
   Que dormem e não dormem
                Nos seus sonhos
                            e ao meu lado

Diante da estátua de Napoleão
Imitando sua postura e expressão
Liberto os meus versos mais caros
Desmarro da obra
              a corda
                        de todo o coração

E atiro com mira certeira
Na boca   nas pernas   no baço
Para que assim morram feridos
        no solo do paço deserto
                de esquecimento e inanição

sem glória
                  ou perdão

É preciso escrever rápido
        antes que o instante seja passado
Foda-se a folha
      e o folhear correto
           o papel higiênico
                usado
                    jogado
                        ali perto
                            Serve!
A palavra é soluço
                cagaço:
                      não dá pra reter

Em mim
        a palavra
                arma

Poema para a mente?
Mente
        Capto...

Poema para os olhos:
Para o olho
        do Cu...

Poema é para a alma
Alma
        Diçoado!

Sem pecados técnicos
  Só escolhas épicas
Eu opto por certo
  Pela linha incerta
 Pena que tua vista   – (Esta sim!)
Tão prosaica e cega
Não enxergue a trilha
  De versão completa

Passam-se décadas
   e o ambiente não se altera
      tavernas boêmios bodegas

Prisões professores poetas
   têm as mesmas paredes
                 as mesmas palavras
     sempre levantadas

Diderot Foucault Rimbaud
     a história passou
          algo mudou?

Somos os mesmos há milhares de anos
        caça fuga e absinto
   com carros potentes mais lentos
        novos buracos de toupeira
            anéis de serpentes
                decadentes
E os mesmos instintos
                demasiadamente
      humanos

O que eu não quero
      é estar certo
 Não! Não quero!

A garantia
    é loucura
       garantida.

Napoleão
    tinha dúvidas
       se era anão?

A vida
       não espera
   erra

Então não imagine
     o que você sabe
É do caos que nasce
   a estrela
    a invenção
     e a liberdade

Esta obra despreza

títulos
    pontuações
        reformas ortográficas
            compêndios
              regras
                  e manuais
relógios
    bom-senso
        enriquecimento
        eruditismo
            e cimento-coesão

e tudo o mais que for limitante à interpretação e à vida

Pois que não haja poesia
                      que não seja libertação!

acuso-me eu
                – não sei o que é poesia
mas te desafio
                    a defina
e destruo
            na tua frente
passado
            e futuro

Pegue o manual
do literato e o siga
Então verás como é fácil
    Ser mais um esteta
                        homicida
de palavras   imagens   ideias
        De obras inteiras
              nunca lidas

Sem palavra viga
     sem imagem elevada
         sem noção criativa
só restam as regras
     A serem   defendidas
A mim:
        os versos
            e a ousadia

Não se iluda com anáforas
        epístrofes
                e anadiploses

São falsos remédios
        receitados a diversos
                versos lázaros e podres

De nomes terríveis
            e efeito ilusório
    em farinhaças doses

Não há
        oxímoro ou prosopopéia

De perfume melhor
            que o som que exala

Que engrandeça
            uma fraca imagem
                    uma besta idéia
                                  uma voz que cala
Que transfaça
        chumba palavra
                em ouro alquimia
 Recuso ao zeugma
            à elisão
                  e à elegia
Não há espaço
        para o que for disfarce
                em minha (im)própria
                      Poesia

Respeitável público
Abre o dia o espetáculo único
Do picadeiro dos versos
O esterco extroverso:

A métrica incerta trapezista
A marionete solo e a língua equilibrista
A palavra-bala e a rima palhaça
Num coração acrobata

Fechando a manhã
Figuras ventríloquas – gigantes e anãs
A mágica das inversões

Um sol domador de imagens e estrofes
E aos holofotes os clowns que gozam e sofrem
Amores em ilusões

Não!
Não tenho vocação
Para me encaixar
Em quadradas caixas (cúbicas)

Mas entenda essa como uma pista
De como é o meu
                                        Eu
Contorcionista

E veja   o meu circo
Pode ser bem mais rico
Que uma única   atuação

Tem sons ecos e narrativas
Curvas quebras   imagens vivas
        – Dinversão –

Traduzir-se

Através de terceiros
            traduzo (o) segundo
      (do) meu mundo primeiro

Entre o que penso e sinto
      há um infinito imenso
      de desejo e saudade

Passos

Passam

      Pelo céu

      A cem

            Só sinto

            Assim

                  Intenso

                  Tesão

Ao lado do meu eu
Há sempre alguém que sou
Dizendo como não ser

Ao lado do meu sim
Há sempre alguém que sou
Explicando porque não

Ao lado do meu fim
Há sempre alguém que sou
Sendo quem eu nunca quis

Será a vida
    uma estrada
        retilínea
Escada
    elevada
        de vitórias
Estrato
    de espécies
        carboníferas
Sequência
    prolongada
        de histórias

Ou assemelha
    a passagem
        de um ônibus
De ponto em ponto
    em trajeto
        quasiestático
Constituído
    de encontros
        sempre sôfregos
Em itinerário
    de intervalos
        monogâmicos

Ou turbulência
    de fragrância
        dionísica
Caminhos
    apicados
        pouco lógicos
Fragmentos
    de espaço
        até Ítaca
Quebrados
    em pedaços
        caóticos

O espelho gira
        transmuta
                reorganiza
                        a figura
E é tão linda!

Mas e a próxima
                não pode ser
                      mais ainda?

Renuncio o conforto
        para conhecer o novo?
Ou nego o futuro
        que se aproxima?

O que espero?

O mistério
        do caleidoscópio
        do anseio
                heróico
                      pelo belo?

Ou o hábito
        histórico
                e bem-definido
                      de só conhecer
                              o já conhecido?

E se a nova imagem
        for de tristeza e de dor?

Se mil vezes transformo
        e a forma
   não melhorou?

Resigno-me assim?
    que o fim não se volta
      a um tempo anterior?
Ou então prefiro
    o monumento parado
       a arte do estável
          o sossego do igual?

Não... Pois não há estado
        que não se resolva
        que não se dissolva
   no tempo e no caos!

Me lanço ao perigo
    paixão de errar vivo
       sem medo de estar
E sigo que a vida
    reinventa e se vira
      – viver é tentar!

Na sala
                    escuro
Não procuro
                    outros

Gente?
Não vejo
                    nem invejo

Tenho meu próprio
                            Paraíso!

Sou feito em fatias velozes
Vagueando fácil e voraz
Por valetas vis e fundas

Sou feito de várias faces
Freqüento fossos e vales
Fugindo do vão final

Valente e fria flor
Vencido e vencedor
Sou fulgor virginal

A Leandro França

Luto pelo momento
        não só com meus versos
mas com meus atos
        os meus teatros
                dramáticos
e com minhas cenas
        intensas
                de cinema
com meus sonhos
        inquietos
           tristonhos   estranhos
com minhas certezas
            fortes
                e passageiras
minhas histórias
        hiperbólicas
                de glória
em meus horrores
        exagerados
                de amores
minhas camisas
        de mil cores
                viberrantes
minhas muitas mortes
            de todos
                os instantes

Sou filho da letra,
Altivo e capeta.
Bradou o demônio:
– Poeta há de ser!

Sou filho da falta,
Da mata selvagem,
Na fria estiagem
Suporto viver.

Sou filho do homem,
Vagueio sem nome.
Nos flancos no front,
Aprendo a crescer.

Sou filho do outro
Desejo a inglória,
Não ter qual memória,
Tua face esquecer.

Sou filho da puta,
Da pátria corrupta
Que alegre entorpece
Preguiça e prazer.

Sou filho da idéia.
Da idéia renasço,
No sonho que faço
Me quero envolver.

Sou filho da cópia
Cavando na história
Dos dedos de estranhos
Meu eu escrever.

Sou filho da escolha
Que o dia espreita,
Na noite perfeita,
Me torno a morrer.

Amanhã quando penso que estou acordado
Qual será a verdade dita em meu passado?
Será que dormi enquanto que os outros sofriam?
Que esperei e espero e as dores me espiam?

O veneno do tempo em mim embalsamado
Questiona se amores castigo ou castigado
Sigo sem perceber que sou eu que elas guiam
E meus olhos se iludem se em outros se fiam

Adiante o dia brilha por um breve alento
Alumia abomina e volta a escurecer
Vindo da luz do útero a fórceps lento

Faz o parto o coveiro ao túmulo o ser
Consternado repleto de gritos ao vento
Dá o exato momento de se envelhecer

a noite é fria e queima em pranto
quantos eus enterrados suporto
quantas vezes suicido meu canto
e escapo ileso
ou preso
ao que me torno
?

O que o mundo pode pedir-te?
              mais um orgasmo ou noite?
    Inútil!
             [...sutil]
Toca-me-dizer-isso
            cante em mim com teu Deus
    e vamos desafiar a morte

deito em meu passado assombrado
acordo com as culpas que sufoco

qual dos cinco mil sentidos
está livre de sentir?

me apego a um fio no labirinto
sinto   lento
               um sopro
                             sinto
dentro
      um corpo
                    fraco e louco
com um amor que troca
          rosas
               e socos

Brinco de Leminski
    que brinca de Gregório
        que brinca com os outros
            anônimos da história

Quero o logo   logo agora
Sem ceifar o meu futuro
Quero os sonhos faço planos
Irriquieto intenso e puro

Mas o sonho não consola
E meu corpo frágil e tenso
Me carrega com as angústias
Do que eu sou
    e do que posso

Olho atrás o meu passado
Névoa funda   denso   escuro
Não te enxergo
    (não me vejo)
Não conheço meu caminho

À frente há só neblina
Passo vultos que não vejo
A dois palmos reconheço
Só aqueles que machuco

Sou uma fraude
    e não convenço
Quero o homem que persigo
    de potencial imenso
que não consigo
        alcançar

Só me deixem ser sozinho
   que de longe até disfarço
Já de perto meus espinhos
   ferem fundo o que eu amo
roubam cores
         levam brilho
e isso é tudo o que eu faço

Não nasci para o convívio
Não nasci para ser
                  vivo
Morto é bem mais fácil

Personiano

Escrevo meus versos à beira-mágoa...
Não digas mais nada.
                               O resto é vida.
Livres são papéis pintados com tinta
que nunca é o que se vê quando se abre a janela.
Sou diferente. Não sei o que é mais ou menos.
E a realidade não precisa de mim.
        Apenas me alimento
na ilusão de existir.

Vai Ícaro aos céus
procura sua diva
com olhos tão teus
com asa tão viva

Mal sente em ardor
que o peito lhe criva:
lhe escorre o suor
lhe salga a saliva

Que importa o calor
Se à alma atrevida
Concedem-lhe o amor
E toda a sua vida

Exilado em labirinto
Meus suplícios a Teseu
Tão sozinho como eu sinto
No teu peito bate o meu
E o novelo é sangue tinto
Que a noite enfraqueceu

Não escapo com vitória
Já ao grego há mais sorte
Tem seu nome na história
De seus feitos faço forte
Meu apego a uma só glória
Não morrer em face à morte

Meu castigo bem verdade
Não me enterra junto ao chão
A ave negra da saudade
Cada dia sem perdão
Volta a mim sua crueldade
Me devora o coração

O tempo
       – Irreversível –
   Morte lenta e entrópica
 Corrói tudo
      Destrói tudo
            Até a vitória
                    Mais heróica

Nem a ferida
   Mais aberta   e dolorida
          Se suporta
Até a dor
            – insuportável –
    Ele apaga
        Da memória

E será sempre tarde demais
  A pele cheia de rugas
O clamor se esvai
            A lembrança confusa
  Mesmo amor que floresce
              Floresce
    Cresce

            E depois murcha

Noite negra
Alva Lua
Vento   Vento
  – Meu tormento –
       Vacilo na treva
       Vento sobre vento
       O que me espera?

Blok e os doze
Sem perceber o que se passa
Qual é minha revolução?

       O vento voa   voraz
       O frio fere   feroz

Dói o vazio do peito
Por que a noite escura
      Não se cura com o tempo?

Vento vento
          espavento
A angústia não se vai

      O Futuro?
          Passa!

Ai   ai
Minha alma quebra e cai

Três de março
2010
Dados de Tempo.
Rua Prudente de Morais
836
Dados de espaço.

E que importa?
Não se enterram os riscos
Na tumba das trincheiras e abrigos

Pois então
                  ate-me a um poste
     fuzilai-me
que ainda serei eu mesmo

"Chegarei às duas" – disse-me ela
Quatro
Nove
Dez
E a tarde penetrou
        no horror da noite
                solitária e negra
                        pelo frio de julho

Longe de mim   rindo
        cintilavam candelabros
Às minhas costas   sinto
        floreiam gentes

Mas não vejo

Ninguém me reconheceria agora
Esta carcaça
        de nervos crispados
                geme

É fácil dizer que pouco importa
        que temos corpo de bronze
                e um coração feito de metal gelado
Mas à noite o desejo
        é abafar o som enferrujado
                no macio da ternura de um corpo despido e aconchegante

Eis-me então
                imenso
debruçado na janela

espero horas
                    horas e horas
fundido à vidraça
o rosto tocado de chuva
e o bramido ondulante das ruas
me faz estremecer

Meia-noite
em breve um grito
irá destroçar-me a boca

Atentamente
                        escuto
o desfalecer de um osso
Lento
              se contorce
                    vibra e cede
Logo são dois   três
                          cinco
não conto
enfurecidos despedaçam
até que as pernas vacilam

A noite dentro em meu quarto é espessa paisagem
Onde meus olhos turvos não encontram passagem

Súbito   rangem as paredes
como se o cômodo todo
fossem mandíbulas
              a rilhar os dentes

Por que não?
   Numa casa incendiada
        às vezes se instala
             alma sem-teto
             corpo sem-tato
E o mais terrível
           é minha face
       crestada e tranquila

Parte me pede:
 deixei que me apóie
      em meu próprio peito
– Saltai! Saltai!

            alto o bastante?

Inútil!
Jamais se foge
        do próprio coração

No rosto tisnado
   pela fenda dos lábios
      um beijo carbonizado
assopra
     pronto a pular

– Será possível se agarrar às nuvens?
Inútil!
     fios se desfiam

Erguem-se os braços-labaredas
                gosto do abraço
Enquanto versos e imagens
        em palavras ardentes
                fogem de meu crânio
como uma puta nua fugindo de um bordel em chamas

Derramam meus olhos
Tonéis de lágrimas
      espessas
            geladas
                    inúteis!
O calor consome

Ó meu derradeiro grito
  Dize aos séculos futuros
                  pelo menos isto:
– Estou em chamas!
        Sou todo chamas!
                Sempre fui chamas!

Não dizes nada...
Irritado o Vesúvio
            são cinzas Pompeia

Com uma faca nas mãos
        me firo
              Bravo!
me degolo...
        As doze horas
                tombam
como num cadafalso
        a cabeça de um condenado
                calado.

A vocês
Diante de copos de bebidas
      de orgias em orgias
            com mornos bidês
                  e limpos WC's
Escarro
                  e ejaculo
    meus tomos
        fedidos
            com nojo

Estou farto
    de me dominar
           no entanto
Farto
    de enforcar
           meu canto

Das ruínas
        dos livros
                busco
Palavras
        que (re)faço
Vasculhando
        em meus destroços
    Versos
              como ossos
Estrofes
                  como aço

E com rimas em riste
Cuspo na censura
              escarro no jocoso
Deixando ao universo
         meus versos
              forjados
                    a sangue
                          e gozo

Sobre isto

Novamente
        o mesmo tema
Me encosta a faca na garganta
        treme, cospe e exige:
        – Me canta!

Nove – 17 de fevereiro
Cândido de Abreu, terça-feira
Estou de férias, você de estágio
O primeiro beijo e o presságio
Nossa história não está (ainda) inteira

Meia
Praça do Japão, uma quinta
Há pessoas entre a gente
Seria esse de repente
Não um encontro, só uma esquina?

Quatro – carnaval
Te afasto, fujo e viajo
Mas há a falta do que não teve
O forró que você me deve
E um início sem final

Sete
Os dias passam e retornam
Somos três que não se cruzam
Espero só e inseguro
Por mim, por ti, pelo futuro

Nove
Após a PUC um almoço
Me comporto até o abraço
O beijo é seco, mas apertado
O mundo enfim me ouve

Quatro
Já tenho teu retrato
Já te dei meu telefone
E percebo tatuado
No meio peito há teu nome

Nove
Off-line busco nós
Pela rua dos coqueiros
Na madrugada mensageiros
A entregar-me tua voz

Nove – 15 de março
Nós dormimos abraçados
Sinto, hesito e não digo
Sou para ti o teu castigo
E amante apaixonado

Desde então a vida é ânsia
Seu cheiro, seu gosto, sua pele
E o único sonho desejado
É poder morrer trancafiado
Em teu coração, Gisele

Vem comigo
   Vamos viver só
      Eu, você e o futuro

Ele chega
        – e tudo é sonho –

Você faz almoço,   eu bagunço
Você deita cansada,   eu abraço
Você pede as estrelas   eu alcanço

meu reflexo nos teus olhos
teus lábios nos meus
e o céu
        não é só um sonho

Vontade de você
Abraço
Andar descalço
Ter olhos nos seus olhos
O resto esquecer

Os dedos tocados no rosto
   O suspiro perto
      quase sinto o gosto

Os olhos cerrados
   O ângulo certo
      os lábios
         quase corretos

A brasa na pele
  O temor despido
      o vapor o suor
      o cheiro o calor
  os corpos quase unidos

Menos que um centímetro
  – É minha tua respiração –
O mundo silencia
   e é eterna
      a aproximação

Por que não?
   Deixa o corpo desfalecer
O centímetro mais caro da criação
    (toque ou hesitação?)

   Não era para ser

esquece o mundo
      eu e você
– tudo –

Um movimento brusco
                      a face treme
      Sonho ou acordado?

Seus gritos
        ela com as mãos no rosto
            olhos apertados

A raiva e o pôr do sol
                      a moldura da nossa humanidade
Punhos rijos
        mira certeira

Calma, amigo
            Primeiro perdão   pelo vocativo
  Não é você
            quem está sozinho

Fui um sonho
        Um mito num tablado
                irreal   inalcançável
Os caminhos se cruzaram
            e o que deixo nessa vida
  é só a minha despedida
                    – uma saudade bonita

Sou mais velho
            mais experiência?
Vocês são metades
                muito mais inteiras

Minha passagem
                meu barulho
  Trouxe mágoa
                         mas também orgulho
Reconheça
       Ela é sua companheira
  Nunca foi o meu retrato
            que ela carregou
                      guardado na carteira

Eu já provei o teu gosto
Não me peça
      o que eu não posso

Mais sombras que pessoas
        Poucas luzes
                Muitas memórias

Um facho
        Provavelmente da lua
                Da rua.

E eu não sei
                me despedir de você
      – Diga apenas boa noite
Nada falo.   Durma bem.
   Durma bem
                meu grande amor.

Vários dormiram
        Poucos sonharam
                Três acordados

Eu – Você – e o Futuro

É real?
        Tão real
Quanto um beijo e um abraço
        A perda e a saudade

frio
            acelera o batimento
                    freia o tempo
o som silencia
        e tudo fica lento

os olhares se acham
                      se eterniza o momento

Deitada no meu peito
   Suas mãos brincando com meus cabelos
 Suas curvas
        em contornos
             esculturais
    Não há parte
     Não há arte
       com encantos
          tão fatais
Não resista
     eu insisto
Close your eyes
    Clear your heart
Suba aos céus
        we can fly
  Rodopiando e cantando
A tocar as estrelas

Limites humanos
Não precisamos
                obedecer

            Somos mais
        Muito mais
  Que meros
           amores
      mortais

Você não prova o paraíso
e adia
   mais uma mordida
da maçã

Teu corpo
        te peço
                – me ouve –
como os cristãos pedem:
o pão nosso de cada dia
        nos dai hoje

Se fosse uma conquista
Eis a minha
                rendição

Brinco com seus cabelos
Seus olhos descansados
Sua respiração leve
  Te acordo com um beijo
                    e um chamado
              sussurrado e lento
                        como o cair da neve

Um abraço e outro beijo
                Mil outros virão
– Dormi? Quanto tempo?
Não se mede em segundos
      Mas em quadros que se seguem
  Infinitos momentos que se erguem
      de Vida
           Paixão
           e Saudade
– Dormiu pouco, minha vida!
              (mas passou a eternidade...)

Me inclino sobre teu rosto
  Quero teu toque, teu cheiro, teu gosto
      É brilhante verde a cor
            da dor   e do desejo
Te encaro e dentro de ti:
         – de mim? –
    A tristeza e a calma
  da doçura que invejo   da loucura que vejo
Preso aos seus olhos
      Mais um dos seus tantos
            encantos

            Cedo e mergulho   (sem defesas
sem orgulho)
                    Sem volta e sem saída
   Ao encontro de nossa alma

Sonoro
         o estalo aos ouvidos
Então corre pelo corpo
              a intensidade da paixão sofrida
         que se prende e se exprime
            na ausência de evitar
O coração dispara
            As unhas agarram firmes
                    Quando as mãos perdem as forças
                          Os fôlegos perdem o ar
       Nos poucos
              – nossos –
                       murmúrios
                    Nas raras
                             palavras
                                    cantadas
Na umidade dos lábios
         No gesto impulsivo
                    Anseio
                       e Abismo

O foco gira
            e pára
   Junto às nuvens
            que passam
                   pelo céu

    e reduzem a lua
        a poucos fachos   de sombra
                     e luz

Tudo fica lento
  Moldura de uma obra
    À espera do concerto
           memorável!

Além da janela
       a cidade
Dentro
          o calor da carne
  a textura dos lábios
      a brasa pulsante da pele
             e o impossível
                  toque
     acontece

O silêncio do espaço
          só é quebrado
  por um respiro profundo
      um gemido contido
Gostos e bocas confundidos
    mãos entrelaçadas
       corpos unidos
um só momento
      movimento
Abraçados
     cúmplices atados
    afogados em perfumes e suspiros

A mão se move leve
   deixando arrepios
      pela ponta dos dedos
 Deslizam as roupas
    se despem os medos
Os lábios entreabertos
    como antecipando
      um soluço
       um sorriso
        e uma lágrima

Os corpos
   cobertos
     se reconhecem
  Tez fria
    e fervendo
Toda a extensão é calor
    ansiedade
     e receio

Sem fôlego
 A mordida nos lábios
       logo
   A língua no encontro
O vapor do suspiro
    quente e intenso
Úmido e suave
   é o segredo
    o encaixe
  dos corpos
    inteiros

Com um sorriso recebe
>   a mão a lhe acariciar a nuca
>   o corpo   com ardor
A inspiração é mais profunda
>   O desejo mais sedento
>   O gemido   arrastado
Na penumbra
>   apenas os contornos desenhados
>   os corpos retratados
>   na fusão instantânea
>   do nunca
>   e do amor

Só a imagem não basta!
>   Há muito mais
>   por ser sentido
>   O frio na barriga
>   O calor no ventre
>   O pulsar no peito
E que não pode ser perdido

Os amantes e seu quadro
>   mais que fazem
>   uma frase
>   de pureza e intensidade
>   ao arranhar a pele
>   desmanchar os cabelos
>   sufocar o gemido

Na tentativa
                – tortura –
de conter
                (e contar)
                    o grito
      que exalta
           a loucura
                tão pura
                    do prazer

Escorrega a coberta
            desnuda quem ama
    Passeiam as nuvens
Cintilam as estrelas   e como brilham brilhantes
   Como rebeldes diamantes
                     cortados de sol
Quando os corpos se leem
                  se leem as mentes
    E é o caminho do céu
            que se sente
               ao se ser
                   um
                   só
   calor
       suor
  E a inveja dos anjos
ao Paraíso
    efêmero
         dos humanos

O pulsar da alma
    As pernas a tremer
        O temor de quase desfalecer
Ofegante!
Os olhos cerrados
            garantem
Não há no espaço
    Um astro que seja
                parado
Há só o cosmo
    girando
        ao redor

Um murmúrio, um desabafo:
      – Não pare!
      – Não posso!
               nem se quisesse...
    E o universo acelera...
Gira a esfera
    azúlea terrestre
Em um segundo
    O mundo
        se reduz
            a dois corpos nus
É o frágil equilíbrio do insustentável
                    imortalizado
    na memória
      na palavra
        e no toque

A mão aperta
A pele abrasa
O mundo treme
     – Como sentir senão assim?
     "Meus êxtases, meus sonhos, meus cansaços
     Sãos os teus braços dentro dos meus braços"
     O infinito é ter você
               ter a mim

Sem controle
    o corpo queima
        como queira
            extinguir
    explodir em centelhas
          centenas fagulhas vermelhas
      de tensão   alívio   e prazer

O ritmo ensandece
    A face incandesce
O pulsar das veias
    Coração por um fio
        O pulsar da vida
A entrega da alma
        É quase morrer
  Então a inundação
    Turbilhão de um rio
        Espesso e quente
Transborda em si
  Num calor inquieto
    Um tremor completo
Uma queda profunda
  Precipício sem fim

Some o ar do peito
    Só resta o momento
 A vastidão e a leveza
    pluma descendo
 ao cair do horizonte
      sem pressa
        e sem fim

As mãos e as pernas
      ainda oscilantes
   O procuram e o abraçam
– A eternidade não é maior
     do que o traço do instante –

A cada toque dos dedos
    Novos choques pelo corpo
      O mundo nos olhos
 Arrepios na pele
      sensível
       inesquecível
Enquanto o batimento se acalma
 Adormece de novo
   Com o corpo quase morto
       de Desejo
        Pureza
         e Amor.

"Há os que querem uma luz melhor
            que a do Sol
Um sol que é mais sol
                que o Sol

Não eu
Eu não quero desejo que não seja realidade
Há só o que há
As coisas que existem
                não o tempo que as mede

E assim contemplar
Apenas contemplar até não poder pensar em nada

Tua grandeza está em existires
Tua beleza   em ser exterior a mim
O teu cheiro que é só teu e que sinto
Não penso
        Não invento
                Não sonho
Só sinto

E assim amo-te
Amo-te porque és tão somente
Ti"

Tímidatremeluzente
Te sinto a pele
                e a saliva fervente
que a vida é instante
                futuro e presente

Ao longe uma velha
Trançando sua neta
Com os dedos já gastos
Por cansar de saber.

Cabelos se encontram
Dedos se afastam
Outra curva e se acham
Você por aqui?

Vagueia na selva
Desbrava revela
Desenha suas linhas
Na palma das mãos.

Eu acho um riacho
Cascata ao lado
Sossego com o pássaro
O sol e a canção.

A árvore é nossa
É nosso esse livro
Momento memória
Bifurca o caminho.

Duas milhas à frente
Dois anos depois
As tranças da vida
Encontram nós dois.

Um grato sorriso
Piscada sem jeito
Um beijo no carro
Renasce o desejo.

O peito dispara
A vida acelera
E na quinta-feira
O destino se sela.

Desenha as estrelas
Se une à magia
O resto se apaga
Só há poesia.

Vi muitos oásis
Provei muito vinho
Nenhum foi tão belo
Quanto esse caminho.

O seu paraíso
Meu éden terrestre
Nos sete uma entrega
Completa acontece.

As almas se tocam
Os corpos conhecem
No instante eterno
Que o amor acontece.

Qual o gosto
                         de um sonho?

Só um beijo!
               e revejo

Você ao meu lado
                          nossa cama

O rosto encostado
                nos meus braços

Quem te chama?
                 É o barulho
                         do futuro?

      O sussuro
               de quem ama?

Fecho os olhos
                    Não há ódio

Há o brilho
           e o sorriso
                      que inflama
                               e enfeitiça

Corpo e mente   num momento
Fogo e alma   numa vista
É a hora
                 em que o relógio
      Pede   pára
                e enguiça

você dos olhos mais verdes
que tens as unhas azuis
suspeita o quanto te quero
em silêncio à meia-luz?
o quanto a alma deseja
meu corpo ao teu corpo nu?
o quanto quieta me pede
sem dizer nem chus nem bus
até que a morte se esqueça
do eu, de mim, do ti, de tu?

até que a morte se esqueça,
vestindo o negro capuz,
passe por nós qual o vento
que encanta, esfria e seduz,
quando sopra e o trigo enverga,
mas volve a mirar à luz,
seguindo a trilha deserta,
carregando corpo e cruz
pelo passo que envereda
os meus eus com os teus tus.

pelo passo que envereda
os meus eus com os teus tus,
aos outros todos vencemos
com nossa vida alçaluz
com nossos sons diferentes
nosso destino taful
correndo caminho certeiro
rumando ao norte ou ao sul
deslembrando gestos restos
de história, dor, sangue e pus.

Tu és da onda, uma onda e outra onda
É rubro céu, rubro ar, quente rubro
É verde olhar, verde frio, rama verde
E eu não escolho senão teu futuro

O pão de tua fronte, pão de tuas pernas
O pão de teus seios, pão de tua chama
O pão que devoro e nasce com luz
A cada manhã ao meu lado da cama

Meu alimento, meu sonho dourado
Que cresce e se eleva a cada segundo
Mesmo sabor toda vez renovado

Com todo o fulgor de fruto fecundo
Depondo ao eterno o nosso legado
Que a vida ao teu lado é todo o meu mundo

Me inclino sobre o fogo do teu corpo
      – que é noturno –
Sinto um rio perfumado a te escorrer
      – caudaloso –

Que nasce com teus olhos e tua tez
      – verde rubro –
Com o calor e o gosto do teu ventre
      – delicioso –

Pulsando-te e tremendo dentro e mim
      – quente e escuro –
Unidos desde as roupas às raízes
      – ao futuro –

É a renúncia de Adão ao paraíso
      – sem remorso –

À alma o amor, para o corpo o gemido
À pele o suor, à existência o sentido
Pois levem o mundo, que a nós há o instante
O nosso segundo é eterno e bastante.

Só há o teu vulto em meu braço envolvido
Teu ventre e o calor em um beijo despido
Sem ar e sem medo em um sonho incessante
Fluente na noite com o céu de brilhante.

Que importa o que houve? Na vida que importa?
Se estrelas luzindo só chamam teu nome
No exato momento ao cair quase morta.

De ti faz mulher e de mim faz teu homem
O grito contido que o leito comporta
Resiste o sublime que o tempo consome.

No encanto da alma consagro o segredo
O universo alcanço ao encontro dos dedos
Sois sonho que atiça se a face enrubesce
E as peles se encostam e os tecidos se despem.

Suor do teu cheiro teu canto sublime
A vida se eleva eis que ao céu se destine
Desejo a malícia o júbilo o gosto
O gáudio a alegria o resfôlego o gozo

Ao todo hei de lê-los retê-los vivê-los
Achar no teu ventre os mais belos anseios
O eterno do tempo o infinito do espaço:

Teu corpo febril em tremor em meus braços
O deleite ao leito me faz quase morto
Não há outro amor que não seja teu corpo.

Sem levarem nossa vida
Não arrancam nossos sonhos
Mas pois tentem, ardam, crivem
Bradam alto, cuspam fogo
Mesmo as forças do infinito
Não superam o que somos

Então tentam com as amarras
Da solidão e da saudade
Trancafiam nossos corpos
Sem o dom da ubiquidade
Longe aos olhos perto à alma
Não há véu que nos separe

Logo ferem com palavras
Faca firme grave rocha
Sobre o peito nos sepultam
Flecha funda estrela morta
Faça então que venha o céu
Que o inferno não nos derrota

A pele minha que transpira a tua
O teu grito sufocado em meu lábio
A mão que desliza em tua veste nua
O toque sutil, provocante, hábil

Olhos cerrados, cadência ofegante
Dedos apertam as costas e o mundo
Corpos unidos no eterno do instante
Só temem o fim do exato segundo

Imenso enlace de amor exaltado
Intenso fulgor na tez tão descrito
E o leve da alma de sonhos tomado

É teu o sussurro que contém meu grito
No esmorecer nosso encontro imutado
A vida ao teu lado é mais que o infinito

Aos olhares da lua amo-te ousado
Entre lágrimas, riso e tempestade
Violento, estrondoso, repelindo
Os vendavais que roçam-te no rosto

Vê-me intenso, potente, desdenhoso
Criando a morte e o sempre com meu canto
Navegando entre as vagas de tuas noites
Enfrentando o fastígio dos rochedos

Amo-te assim, crivado no teu peito
Triunfante e feroz no tredo espaço
Quebrando a asa que move o fátuo tempo

Zombo do mundo que meu ser esnoba
Sou livre como as ondas que nos cercam
E só ao mar de teus olhos me curvo

Nas noites de verão me prendo ao céu
Desenhando tua face em terno brilho
Abro meu peito ao sol e durmo à lua
Quando monto teu nome entre as estrelas
Por sonhos e por vida que só ao ver-te
Eu sinto os lábios meus se abrir de fogo
Meu corpo que em ti arde em sangue intenso
Onde revivo o todo e invento o mundo
Com a certeza exata de um futuro
Que há muito construímos céu e risos

Eu quisera ter mais mil almas
E todas ardentes de anelos
Para vivê-las, meu amor,
À luz dos teus olhos belos,
Nas paixões dos teus olhares,
Na confusão de teus cabelos
Na imensidão de nossos sonhos
De vida, vitórias e anseios.

Formamos e dissipamos
            sob olhos aturdidos
        de um mundo que não compreende
            o peso de nossa leveza

Há horas em que choramos
            tempestades, raios e vulcões
        esvaem nossa raiva e dor
                quando à meia-noite
                    nossa faca mata o dia

Vosso pensamento
        sonhado por cérebros amolecidos
                preguiçosos como serviçais
                        estirados em sofás sebosos
                            fustigaremos
com os farrapos sangrentos de nosso coração
            mordaz e atrevido
    com a cólera rouca de nossas entranhas
                até fartar-nos de vós
                        do mundo

Que nos importa o Fausto
        deslizando com Mefistófeles
                em foguetões feéricos no solho célico encerado
Nós sabemos
        que um prego em nossos sapatos
            é mais terrível que a imaginação de Goethe

Que nos importa Zaratustra
            retorcido no deserto
                      convulso e gemebundo em seu ascetismo servil
Nós somos
        mais pulcros que todo o resplendor veneziano
                banhado pelas glórias do oceano
                      pelos prazeres do mundo

Que nos importa Homero e Ovídio
        nédios lacaios de um coração sangrando
Nós sabemos
        que o Sol se ofuscaria ao ver
                o ouro que há em nossas almas

Pois melhor que versos e orações
                      são artérias e músculos
Não pedimos esmolas ao tempo
                            Nós
        temos nas mãos
            as rédeas de todos os mundos

Seguimos
        e pelas ruas
            a gente sacode sorrisos
        porque levamos nos lábios
            as carícias do sempre

E quando a nossa voz
        soar intensa e segura
            hora após hora
                o dia inteiro
talvez deus venha cheirar
        a imortalidade em nosso colo

Pela vida
>reinventamos o celeste e o paraíso
>>a cada instante de encanto novo
>>em que decidimos
>>>que sem sofrer
>>>se pode beijar, beijar e abraçar
>>amanhecendo ao horizonte
>como a simples noção de vitória
eterna de nossas almas

Nuvens
>de calças, de saias, de asas
passamos
>e curvam-se os Céus
nos reverencia o Espaço
>>>com seus olhos de astros
>>>>e seu mar de infinitos

atrás o silêncio
>do nosso Universo que dorme
com a enorme orelha
>cheia de estrelas
>>sobre a pata

Eberspächer

na guerra carrego
        coxo e cego
                o teu último nome coagulado
soldado
      na ferida dos meus lábios
                  abertos

entre o clarão
           dos tiros de canhão
  e o brilho   das baionetas
sua imagem na cabeça
              carabina nas mãos

  abre um buraco no peito
                    ajoelho e não ergo
      enfraquecem os músculos
            enegrece a vista
embrutece o ar

– o último respiro –

por fim
      enfim urro
           o único grito
                  possível
  cuspo meu sangue
              caio   morto
     como cai e morre
o crespúsculo
                    dos vivos.

Dinversão

Saquei a pena
E dei um tiro
                no pé!

Para aumentar o vocabulário
Nos aconselham a ler qualquer livro chato,
Mas por que não ler o dicionário?
Daria bem mais certo!
É muito mais barato,
Mais prático e completo.

Volto ao apartamento
   Um incêndio
      – normal –
Só há teia de aranha
      e álcool
         no local.

Um pouco de tinta
           e uma pena
– O que é isso?
        Piso no abismo...
Puta que o pariu!
   Retiram
      meus livros
         queimados
           em estado
              febril.
Pedaços
      de vida
   retorcidos
      destroçados
    Desmaio
  em prantos
E berro
         desesperado

– Antes a mim!
     Não aos escritos!
   que deixei e deixaram
      por ser dito
        o inimaginável.

De canto de olho
                              ainda vejo
levarem deitado
                  um corpo de dama   que não reconheço
mas dormiu ao meu lado.

                    Frágil
                                    e carbonizado

Mal reparo
                em seu corpo
                                tatuado
                    a palavra
                                            desejo

Flauta-vértebra
            Dó

Memórias soprando
            Lá

Dor que apaga
            o Sol

Angústia que não cabe
            em Si

Mas nem a morte
            (sustenida)

Separa   tua vida
            de Mi

Brilha, estrela, serenata
Carinho mútuo e eterno
Gritos ao travesseiro
Sussurros ao ouvido

E extingue sem sexo
                sem beijos
                              sem olhares

   Amor humano
Vulcão
        Brasa
                Chama
                        Vela
                                Cinza
  sem pavio   sem nada

Se o final da vida não agrada
Por que esperar
        que o do amor termine bem?

Não é de ti
      que sinto saudade
É do que eu fui

Nem sequer lembro
                    a última vez
  que esqueci

Vladimir
        de camisa amarela
                me diz:
Já viste
        Fagundes Varela
            Tentando   um chiste?

Quando teu dia amanhece
Nuvem cinza, céu ruim
Me dá um abraço e esquece
Mostra a língua e pisca assim ;)

Hoje acordei   meio assim
        meio away
                do mundo
Buscando uma resposta
                para minha solidão
Pergunto ao delfos
                        ou ao google
Que soluçam uma rima
                não riem uma
                                        solução

És xerox
    cheio de retoques
E amo você
    só pelo que não sou
Queimaduras de terceiro grau
       de segunda mão

O que há de errado comigo?
  Do que é que eu preciso?
    O que penso que preciso?

Isso não tem nada a ver com o que você pensa
  Isso se você pensa
    Meu amor

Bárbara e Bianca
        Lá em casa para a janta
Na essência de conquistar
        O mundo girando a três
Preparativos na mesa nua
        Libidinagem a libertar
Só quem nunca provou
        Pode dizer que não vai gostar
Do meu petit gateau

Eu faço o juramento:
        Eu amo!
Firme
        Fiel
                E verdadeira
                        mente

Brilhar! Arder tanto quanto Sol
Ser o fogo e vencer o tempo
Vendo o mel e engolindo o sal
Dos olhares que escondemos
Das semanas que esperaremos
Por nossos momentos, Brilhar!

Depois? Depois o acaso é nosso Deus
Se os seus olhos forem só dos meus
Quem quer ser maior que a vida
Tem que brilhar mais a cada dia
Toda a noite escurece em um novo fim
Mas o gosto do céu   só está em ti

Há vida
        sem teu cheiro?
                Não creio!

O fogo eterno
                do inferno
É pouco
              perto
Do teu beijo

Eu vi
      és vida
És presente
            de estrelas
                      cadentes

A vida é um domingo
Teus olhos – serenos vulcões
Teus lábios – morangos rubros
              de sabor adocicado – pureza e pecado

Como não rir com seu riso?
Seu canto é meu feitiço
        Impossível resistir

Com seu carinho somos leves – levitamos
Quando flama – me ama – louvamos
Humanos – mortais – amamos

No seu corpo
        Uma vida só é pouco
              É terno teu prazer

Alçamos almas – atados alcançamos
      Dante e Beatriz

No paraíso não há vida
              maior
            nem mais feliz

E agora como posso te esquecer assim?
No saib(r)o do teu corpo quero minha casa
És o cheiro que não deixo evadir de mim
A veleidade inextinguível que me abrasa.

Como posso me opor ao rubro dos teus lábios
Ao aconchego dos teus braços, ao olhar que vejo?
Tanto quero e planejo tanto, nem os sábios
Deixariam o canto doce do desejo.

Cada segundo! – como se não fosse mais
Com o mundo a nos olhar, sem medo do que for
Seguindo o destino que a gente mesmo faz.

E ao nos soltar enfim, que o tempo siga em frente
Restando por estar a chama de um amor
Remoto como o nunca, eterno como o sempre.

Sou um desconhecido
                         e você se doa
       Isso é bonito!

Uma frase feita
               a intenção é boa
    Rio – Rimos
       E isso é bonito!

Éramos normais
               Hoje somos
                             amigos

Momento mágico
        Duas pessoas
                e uma madrugada

– O que uma cama elástica
                        faz no jardim? –

Salta o Mundo
        O frio é fogueira
                o vento é criança
    o tempo elástico

As almas cansadas
        físico cansaço?
                Fitam o espaço

Órion no Céu
        olhos lado a lado
                corpos ao contrário

Conversamos com as estrelas
        curiosas e brilhantes
    – Elas ou Você? –

Dançam os astros
        cantam os projetos
                futuros e incertos:
  novo início ou novo fim?

Volto com um sorriso
        e uma certeza
                a mais

Só quem ama tem ouvido   capaz
        de ouvir o sim
            das estrelas
                e de ti

Conversa final
   Momentos que nos formam
               e se foram

– Talvez não fosse o certo...
      Talvez não fosse o momento...
– Eu vivo de momentos!!
      Reais e imaginários
           Espetaculares e catastróficos

Te dou um abraço
      – sem beijo –
      forte
           último?

Me despeço e te vejo
      entrar em casa
           – frio!
               (lá fora ou eu?)
Volto a mim pensando
      Ainda existe
           quem vale
                  uma saudade.

Já te dei flores um dia
    Hoje dou
            melancolia

  Entro
          e não tenho
  o que quero

Alguém chama:
        A vida é breve / a alma é vasta
        Mistura de culturas e voz doce

      Palpita o peito?
  Erro sei – e sou assim –
Quero ir e escrever
      Você chama
          E faço a volta
   – em mim? –
              – em ti? –

Um café?
      Não gosto
         Não hoje
Trarei bolachas
          e um novo encanto

Por enquanto
        um convite
    e novos sonhos
          a me entregar

No passado
  um retrato
    de loucura
      ousadia
        e decisão

Me confunde
  me agrada
    o teatro
      e a conversa
        num programa
      de casal

Anos passam
  sou o mesmo
    mesmo tempo
      num momento
    de afeição

Erro a rua
  vou sem pressa
    na Dom Pedro
      é que começa
      a dar tchau

Dois olhares
      longo beijo
    sem final

Não é o mercado
Não é o teatro
  Sou eu, você e o momento

Tem dia
  que alisa
    o cabelo
Tem noite
 que te aperto
   e despenteio

Não planejo
   cada ato
O fizesse
  e pelo menos
 arrumava
   o meu quarto

Não te pedi
 um longo beijo
  Nem que deitasse   em minha cama
Mas te perdi
 quando negaste
  o instante   a quem ama

   Uma noite
               em companhia
É mais fácil
               que se pensa

Um sorriso
       Um bom papo
           Rebolado
                   E que aconteça!

Amanheço com alguém
               – Não é difícil
(É mais fácil
               que se pensa)
Difícil   é quem faça
      a diferença

Em alguma vez talvez
Nós volvamos a tentar
Redescobrir as canções
Que chamamos a cantar
Com versos velhos refrões
Que tentamos recitar
Convencidos de que o fim
Não acaba em acabar

A coleira
   primeira
         quem te põe?

Quem retira?
            esta
               tua vida

– vida? –
   Finde-a
      na Índia.

Não se espante
        dou meu tudo
                em várias partes
para várias vozes
        aos infinitos instantes
                de diversos lugares

Sem jogos Gregório
        Se volte ao estudo:
Minhas partes somadas
            São muito maiores
                    Que o todo e que o tudo

Voo longe
    E ninguém me alcança
Nem percebe
                O que quero
Voo leve
    Às vezes alguém acompanha
Me chama e até paro
        Para um último
                    efêmero
Não mais que um parágrafo
    Outras caio, morro e renasço
Acrescentando adendos
              ao meu epitáfio

Entre a janela
                           e a memória
   Gigante em brado
              Acaricia a lembrança de quem ama
ou do que era
                   seu   futuro

      Atirar-se?
           Em qual
                direção?

Pêndulo de intensidade
                  A alma quer a todos
       O pescoço quer a corda
O lábio o dos outros
     A garganta a navalha
        O corpo outro copo
   O coração encerra:
               a bala.

Como queria alguém
        a quem conseguisse acordar
Não! Que não dormisse
            sem me esperar!
Me aguardasse
        entre o acordado e o repouso
Somente para dar-me
            um beijo   boa-noite   bons sonhos

Que de mim se lembra
        e do mundo esquece
Vira-se para o lado
            fecha os olhos
                e adormece

A noite é uma criança

Para quem nunca se cansa

De lamentar

Os artistas
        os loucos
                as crianças
Os únicos que notam
            que mostram
O que nossa vista
        sem óptica
          não alcança
E só repetimos
        replicamos
          tagarelamos
O que nos tornamos?
O que a vida
        urbana
          acelerada
Fez com nossos olhos
        ouvidos
          e almas?

(humanos?)

Eu sou um narrador comum
mas nada aqui é ficção
qual história não é real?
O que é mentira na invenção?

Socorro! Socorro! Socorro!
Lá
        sobre a ponte
                sobre a água
                        há um homem

Há uma faca
        uma corda
                e um nome
                      costurado
                            em sua boca

Um peito
        aberto
sangrando
        por certo
    por porra
            nenhuma

– Isso dizes tu
        mas não há muito por esperar
Tu também assim ficarás
        a ti também ninguém
                vai querer amar

Vem!
                Responde ao apelo dos meus versos
    Eu mendiguei a todos – e aqui estou
Agora somente de ti pode vir
        Levanta!
                Vamos correr à ponte!
                        que a um homem cabe o nome
                              a lhe carregar a fronte

– Que eu caia aqui ou lá
             não importa
Onde eu morrer
         eu vou morrer amando
e eu sei
         sou digno de ser colocado
próximo aos que tombaram
         sob os amores da vida
tão perto se consiga
         dos poetas
                 suicidas.

When the night has come
e o mar de prata da via láctea escoa
entre o sombrio das nuvens e da lua
Andressa não te esqueço
lembro o céu e te peço
seus braços para não sentir medo
seu corpo oferecido em segredo
entenda-me
just as long as you stand
stand by me

1.
Te encontro no salão
Da imagem que criei
Do sonho que inventei
Fiz de você real
Na noite sem final
A quem estendo a mão
Oferecendo o vil em vão

2.
Convido então certeiro
E do sofá convenço
Teu corpo em mim suspenso
A ti quase me entrego
Sem muito jeito eu nego
O vinho do teu cheiro
Nosso sentir assim ligeiro

3.
Passeamos pelo onírico
E o céu se faz fantástico
O mundo ante-estático
Por tua calma pálida
Com tua pele cálida
Transforma o ser empírico
Em corpo de desejo lírico

Se antes era só
O destino ora bêbado
À esquerda do meu peito
Firmou teu gesto rindo
Nos lábios paraíso
E o resto fora nós
Se reduzia a tédio e pó

Surge rígido e tenso
  um corpo acompanhado
    Corporificado seus sentimentos
caminham lado a lado
   pés   amores   e medos
menos ela
      Sentada impávida
  na sombra fria do banco de praça
esperando por outro – mas quem?

Não sabe leitor?
    Nem eu faço idéia
       Mulheres tramam sozinhas
  quando convém
            principalmente   aquela.

Aqui pede passagem
    nosso primeiro personagem
que ama sua dor
      e sem o outro não é
Fraco! covarde! carente!
         – diria o leitor –
Exato!
     Confirmaria
           a mulher

– O que estão
        vocês a falar?
  Sim! Ela vocês e o autor
A mim e aos meus semelhantes
          é possível julgar?

Aquela no banco eu amei
    amo e vivo o momento
intenso ocasional do amor
       – por mim, não por ela –
que estou
      vivo
         e sinto
o que me
      permito
         sentir

Você ao me ler
         pouco sabe
Chutaria
     ao menos
        minha idade?
Ah o autor
        não contou?
Erraria! – e te digo
Dos meus trinta anos de rima
Cuide do teu
       próprio umbigo
Ou é tediosa demais
              tua vida?

E você, narrador
quem pensas que é
       pose de despertador?
com versos sons de alarme
para teus espectadores acordarem
do sono anestesia ou inércia?

Queres descrever a minha vida?
Então
    coloca-me voz
        um peito inflado
            postura de pé
                em frente a plateia
                    qual fosse teatro
E mando a ti
    e todas tuas putas
        ir descrever como é
            é a casa do caralho

Te fundo
no teu sundo

Te fode
no zinote

Te empalaque
no zuaque

Toma-te
no zuate

E então
         me deixa em paz?

Sem a nossa pequena morte
      de toda a noite
como sobreviver à vida
      de cada dia?

Heróico
　　Eu sou um homem
　　　　de futuro heróico
　　Perspectivas históricas
A mim o que interessa
vasos
　　　　fins

Sobre o autor

Alysson Ramos Artuso é Professor, pesquisador, editor e autor. Nascido em 1982 e com muitos caminhos trilhados – da Física e Estatística à Educação e Literatura – estreia como poeta com o livro *A poesia (r)existe*, fruto do apoio da Fundação Cultural de Curitiba e do incentivo da 05 Propaganda.